312-1
54

LOS VERSOS DEL CAPITÁN

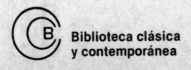

**Biblioteca clásica
y contemporánea**

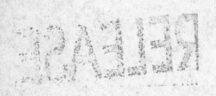

PABLO NERUDA

LOS VERSOS
DEL CAPITÁN

POEMAS DE AMOR

DECIMATERCERA EDICION

EDITORIAL LOSADA S. A.
BUENOS AIRES

Edición expresamente autorizada para la
BIBLIOTECA CLÁSICA Y CONTEMPORÁNEA

Queda hecho el depósito que marca la ley 11.723

Marca y características gráficas registradas
en la Oficina de Patentes y Marcas de la Nación

© Editorial Losada, S.A.
Moreno 3362,
Buenos Aires, 1961
I.S.B.N. 950-03-0164-4

DÉCIMATERCERA EDICIÓN

Tapa:
BALDESSARI

IMPRESO EN LA ARGENTINA
PRINTED IN ARGENTINA

Este libro se terminó de imprimir
el día 25 de octubre de 1982
en los Talleres Edigraf,
Delgado 834, Buenos Aires

La edición consta
de cinco mil ejemplares

EXPLICACIÓN

Mucho se discutió el anonimato de este libro. Lo que yo discutía en mi interior mientras tanto, era si debía o no sacarlo de su origen íntimo: revelar su progenitura era desnudar la intimidad de su nacimiento. Y no me parecía que tal acción fuera leal a los arrebatos de amor y furia, al clima desconsolado y ardiente del destierro que le dio nacimiento.

Por otra parte pienso que todos los libros debieran ser anónimos. Pero entre quitar a todos los míos mi nombre o entregarlo al más misterioso, cedí, por fin, aunque sin muchas ganas.

Qué por qué guardó su misterio por tanto tiempo? Por nada y por todo, por lo de aquí y lo de más allá, por alegrías impropias, por sufrimientos ajenos. Cuando Paolo Ricci, compañero luminoso, lo imprimió por primera vez en Nápoles en 1952 pensamos que aquellos escasos ejemplares que él cuidó y preparó con excelencia, desaparecerían sin dejar huellas en las arenas del sur.

No ha sido así. Y la vida que reclamó su estallido secreto hoy me lo impone como presencia del inconmovible amor.

Entrego, pues, este libro sin explicarlo más, como si fuera mío y no lo fuera: basta con que pudiera andar solo por el mundo y crecer por su cuenta. Ahora que lo reconozco espero que su sangre furiosa me reconocerá también.

PABLO NERUDA.

Isla Negra, noviembre de 1963.

Habana, 3 de octubre de 1951.

Estimado señor [1]:

Me permito enviarle estos papeles que creo le interesarán y que no he podido dar a la publicidad hasta ahora.

Tengo todos los originales de estos versos. Están escritos en los sitios más diversos, como trenes, aviones, cafés y en pequeños papelitos extraños en los que no hay casi correcciones. En una de sus últimas cartas venía la Carta en el camino. Muchos de estos papeles por arrugados y cortados son casi ilegibles, pero creo que he logrado descifrarlos.

Mi persona no tiene importancia, pero soy la protagonista de este libro y eso me hace estar orgullosa y satisfecha de mi vida.

Este amor, este gran amor, nació un agosto de un año cualquiera, en mis giras que hacía como artista, por los pueblos de la frontera franco-española.

Él venía de la guerra de España. No venía vencido. Era del partido de Pasionaria, estaba lleno de ilusiones y de esperanzas para su pequeño y lejano país, en Centro América.

[1] Reproducimos aquí la carta prólogo de las ediciones en que el verdadero autor del libro se mantuvo anónimo. (*N. del E.*)

Siento no poder dar su nombre. Nunca he sabido cuál era el verdadero, si Martínez, Ramírez o Sánchez. Yo lo llamo simplemente mi Capitán y éste es el nombre que quiero conservar en este libro.

Sus versos son como él mismo: tiernos, amorosos, apasionados, y terribles en su cólera. Era fuerte y su fuerza la sentían todos los que a él se acercaban. Era un hombre privilegiado de los que nacen para grandes destinos. Yo sentía su fuerza y mi placer más grande era sentirme pequeña a su lado.

Entró a mi vida, como él lo dice en un verso, echando la puerta abajo. No golpeó la puerta con timidez de enamorado. Desde el primer instante, él se sintió dueño de mi cuerpo y de mi alma. Me hizo sentir que todo cambiaba en mi vida, esa pequeña vida mía de artista, de comodidad, de blandura, se transformó como todo lo que él tocaba.

No sabía de sentimientos pequeños, ni tampoco los aceptaba. Me dio su amor, con toda la pasión que él era capaz de sentir y yo lo amé como nunca me creí capaz de amar. Todo se transformó en mi vida. Entré a un mundo que antes nunca soñé que existía. Primero tuve miedo, hubo momentos de duda, pero el amor no me dejó vacilar mucho tiempo.

Este amor me traía todo. La ternura dulce y sencilla cuando buscaba una flor, un juguete, una piedra de río y me la entregaba con sus ojos húmedos de una ternura infinita. Sus grandes manos eran, en este momento, de una blandura dulce y en sus ojos se asomaba entonces un alma de niño.

Pero había en mí un pasado que él no conocía y había celos y furias incontenibles. Éstas eran como tempestades furiosas que azotaban su alma y la mía, pero nunca tuvieron fuerza para destrozar la cadena que nos unía, que era nuestro amor, y de cada tempestad salíamos más unidos, más fuertes, más seguros de nosotros mismos.

En todos estos momentos, él escribía estos versos, que me hacían subir al cielo o bajar al mismo infierno, con la crudeza de sus palabras que me quemaban como brasas.

Él no podía amar de otra manera. Estos versos son la historia de nuestro amor, grande en todas sus manifestaciones. Tenía la misma pasión que él ponía en sus combates, en sus luchas contra las injusticias. Le dolía el sufrimiento y la miseria, no sólo de su pueblo, sino de todos los pueblos, todas las luchas por combatirlas eran suyas y se entregaba entero, con toda su pasión.

Yo soy muy poco literaria y no puedo hablar del valor de estos versos, fuera del valor humano que indiscutiblemente tienen. Tal vez el Capitán nunca pensó que estos versos se publicarían, pero ahora creo que es mi deber darlos al mundo.

Saluda atentamente a usted.

ROSARIO DE LA CERDA.

EL AMOR

EN TI LA TIERRA

PEQUEÑA
rosa,
rosa pequeña,
a veces,
diminuta y desnuda,
parece
que en una mano mía
cabes,
que así voy a cerrarte
y llevarte a mi boca,
pero
de pronto
mis pies tocan tus pies y mi boca tus labios,
has crecido,
suben tus hombros como dos colinas,
tus pechos se pasean por mi pecho,
mi brazo alcanza apenas a rodear la delgada
línea de luna nueva que tiene tu cintura:
en el amor como agua de mar te has desatado:
mido apenas los ojos más extensos del cielo
y me inclino a tu boca para besar la tierra.

LA REINA

Yo te he nombrado reina.
Hay más altas que tú, más altas.
Hay más puras que tú, más puras.
Hay más bellas que tú, hay más bellas.

Pero tú eres la reina.

Cuando vas por las calles
nadie te reconoce.
Nadie ve tu corona de cristal, nadie mira
la alfombra de oro rojo
que pisas donde pasas,
la alfombra que no existe.

Y cuando asomas
suenan todos los ríos
en mi cuerpo, sacuden
el cielo las campanas,
y un himno llena el mundo.

Sólo tú y yo,
sólo tú y yo, amor mío,
lo escuchamos.

EL ALFARERO

Todo tu cuerpo tiene
copa o dulzura destinada a mí.

Cuando subo la mano
encuentro en cada sitio una paloma
que me buscaba, como
si te hubieran, amor, hecho de arcilla
para mis propias manos de alfarero.

Tus rodillas, tus senos,
tu cintura
faltan en mí como en el hueco
de una tierra sedienta
de la que desprendieron
una forma,
y juntos
somos completos como un solo río,
como una sola arena.

3 DE SEPTIEMBRE

Hoy, este día fue una copa plena,
hoy, este día fue la inmensa ola,
hoy, fue toda la tierra.

Hoy el mar tempestuoso
nos levantó en un beso
tan alto que temblamos
a la luz de un relámpago
y, atados, descendimos
a sumergirnos sin desenlazarnos.

Hoy nuestros cuerpos se hicieron extensos,
crecieron hasta el límite del mundo
y rodaron fundiéndose
en una sola gota
de cera o meteoro.

Entre tú y yo se abrió una nueva puerta
y alguien, sin rostro aún,
allí nos esperaba.

TUS PIES

CUANDO no puedo mirar tu cara
miro tus pies.

Tus pies de hueso arqueado.
tus pequeños pies duros.

Yo sé que te sostienen.
y que tu dulce peso
sobre ellos se levanta.

Tu cintura y tus pechos,
la duplicada púrpura
de tus pezones,
la caja de tus ojos
que recién han volado,
tu ancha boca de fruta,
tu cabellera roja,
pequeña torre mía.

Pero no amo tus pies
sino porque anduvieron
sobre la tierra y sobre
el viento y sobre el agua,
hasta que me encontraron.

TUS MANOS

Cuando tus manos salen,
amor, hacia las mías,
qué me traen volando?
Por qué se detuvieron
en mi boca, de pronto,
por qué las reconozco
como si entonces, antes,
las hubiera tocado,
como si antes de ser
hubieran recorrido
mi frente, mi cintura?

Su suavidad venía
volando sobre el tiempo,
sobre el mar, sobre el humo,
sobre la primavera,
y cuando tú pusiste
tus manos en mi pecho,
reconocí esas alas
de paloma dorada,
reconocí esa greda
y ese color de trigo.

Los años de mi vida
yo caminé buscándolas.
Subí las escaleras,
crucé los arrecifes,
me llevaron los trenes,
las aguas me trajeron,
y en la piel de las uvas
me pareció tocarte.
La madera de pronto
me trajo tu contacto,
la almendra me anunciaba
tu suavidad secreta,
hasta que se cerraron
tus manos en mi pecho
y allí como dos alas
terminaron su viaje.

TU RISA

Quítame el pan si quieres,
quítame el aire, pero
no me quites tu risa.

No me quites la rosa,
la lanza que desgranas,
el agua que de pronto
estalla en tu alegría,
la repentina ola
de planta que te nace.

Mi lucha es dura y vuelvo
con los ojos cansados
a veces de haber visto
la tierra que no cambia,
pero al entrar tu risa
sube al cielo buscándome
y abre para mí todas
las puertas de la vida.

Amor mío, en la hora
más oscura desgrana
tu risa, y si de pronto
ves que mi sangre mancha

las piedras de la calle,
ríe, porque tu risa
será para mis manos
como una espada fresca.

Junto al mar en otoño,
tu risa debe alzar
su cascada de espuma,
y en primavera, amor,
quiero tu risa como
la flor que yo esperaba,
la flor azul, la rosa
de mi patria sonora.

Ríete de la noche,
del día, de la luna,
ríete de las calles
torcidas de la isla,
ríete de este torpe
muchacho que te quiere,
pero cuando yo abro
los ojos y los cierro,
cuando mis pasos van,
cuando vuelven mis pasos,
niégame el pan, el aire,
la luz, la primavera,
pero tu risa nunca
porque me moriría.

EL INCONSTANTE

Los ojos se me fueron
detrás de una morena
que pasó.

Era de nácar negro,
era de uvas moradas,
y me azotó la sangre
con su cola de fuego.

Detrás de todas
me voy.

Pasó una clara rubia
como una planta de oro
balanceando sus dones.
Y mi boca se fue
como una ola
descargando en su pecho
relámpagos de sangre.

Detrás de todas
me voy.

Pero a ti, sin moverme,
sin verte, tú distante,

van mi sangre y mis besos,
morena y clara mía,
alta y pequeña mía,
ancha y delgada mía,
mi fea, mi hermosura,
hecha de todo el oro
y de toda la plata,
hecha de todo el trigo
y de toda la tierra,
hecha de toda el agua
de las olas marinas,
hecha para mis brazos,
hecha para mis besos,
hecha para mi alma.

LA NOCHE EN LA ISLA

TODA la noche he dormido contigo
junto al mar, en la isla.
Salvaje y dulce eras entre el placer y el sueño,
entre el fuego y el agua.

Tal vez muy tarde
nuestros sueños se unieron
en lo alto o en el fondo,
arriba como ramas que un mismo viento mueve,
abajo como rojas raíces que se tocan.

Tal vez tu sueño
se separó del mío
y por el mar oscuro
me buscaba
como antes,
cuando aún no existías,
cuando sin divisarte
navegué por tu lado,
y tus ojos buscaban
lo que ahora
—pan, vino, amor y cólera—
te doy a manos llenas
porque tú eres la copa
que esperaba los dones de mi vida.

He dormido contigo
toda la noche mientras
la oscura tierra gira
con vivos y con muertos,
y al despertar de pronto
en medio de la sombra
mi brazo rodeaba tu cintura.
Ni la noche, ni el sueño
pudieron separarnos.

He dormido contigo
y al despertar tu boca
salida de tu sueño
me dio el sabor de tierra,
de agua marina, de algas,
del fondo de tu vida,
y recibí tu beso
mojado por la aurora
como si me llegara
del mar que nos rodea.

EL VIENTO EN LA ISLA

EL viento es un caballo:
óyelo cómo corre
por el mar, por el cielo.

Quiere llevarme: escucha
cómo recorre el mundo
para llevarme lejos.

Escóndeme en tus brazos
por esta noche sola,
mientras la lluvia rompe
contra el mar y la tierra
su boca innumerable.

Escucha cómo el viento
me llama galopando
para llevarme lejos.

Con tu frente en mi frente,
con tu boca en mi boca,
atados nuestros cuerpos
al amor que nos quema,
deja que el viento pase
sin que pueda llevarme.

Deja que el viento corra
coronado de espuma,
que me llame y me busque
galopando en la sombra,
mientras yo, sumergido
bajo tus grandes ojos,
por esta noche sola
descansaré, amor mío.

LA INFINITA

Ves estas manos? Han medido
la tierra, han separado
los minerales y los cereales,
han hecho la paz y la guerra,
han derribado las distancias
de todos los mares y ríos,
y sin embargo
cuando te recorren
a ti, pequeña,
grano de trigo, alondra,
no alcanzan a abarcarte,
se cansan alcanzando
las palomas gemelas
que reposan o vuelan en tu pecho,
recorren las distancias de tus piernas,
se enrollan en la luz de tu cintura.
Para mí eres tesoro más cargado
de inmensidad que el mar y sus racimos
y eres blanca y azul y extensa como
la tierra en la vendimia.
En ese territorio,
de tus pies a tu frente,
andando, andando, andando,
me pasaré la vida.

BELLA

BELLA,
como en la piedra fresca
del manantial, el agua
abre un ancho relámpago de espuma,
así es la sonrisa en tu rostro,
bella.

Bella,
de finas manos y delgados pies
como un caballito de plata,
andando, flor del mundo,
así te veo,
bella.

Bella,
con un nido de cobre enmarañado
en tu cabeza, un nido
color de miel sombría
donde mi corazón arde y reposa,
bella.

Bella,
no te caben los ojos en la cara,
no te caben los ojos en la tierra.

Hay países, hay ríos.
en tus ojos,
mi patria está en tus ojos,
yo camino por ellos,
ellos dan luz al mundo
por donde yo camino,
bella.

Bella,
tus senos son como dos panes hechos
de tierra cereal y luna de oro,
bella.

Bella,
tu cintura
la hizo mi brazo como un río cuando
pasó mil años por tu dulce cuerpo,
bella.

Bella,
no hay nada como tus caderas,
tal vez la tierra tiene
en algún sitio oculto
la curva y el aroma de tu cuerpo,
tal vez en algún sitio,
bella.

Bella, mi bella,
tu voz, tu piel, tus uñas,
bella, mi bella,

tu ser, tu luz, tu sombra,
bella,
todo eso es mío, bella,
todo eso es mío, mía,
cuando andas o reposas,
cuando cantas o duermes,
cuando sufres o sueñas,
siempre,
cuando estás cerca o lejos,
siempre,
eres mía, mi bella,
siempre.

LA RAMA ROBADA

En la noche entraremos
a robar
una rama florida.

Pasaremos el muro,
en las tinieblas del jardín ajeno,
dos sombras en la sombra.

Aún no se fue el invierno,
y el manzano aparece
convertido de pronto
en cascada de estrellas olorosas.

En la noche entraremos
hasta su tembloroso firmamento,
y tus pequeñas manos y las mías
robarán las estrellas.

Y sigilosamente,
a nuestra casa,
en la noche y en la sombra,
entrará con tus pasos
el silencioso paso del perfume
y con pies estrellados
el cuerpo claro de la primavera.

EL HIJO

Ay hijo, sabes, sabes
de dónde vienes?

De un lago con gaviotas
blancas y hambrientas.

Junto al agua de invierno
ella y yo levantamos
una fogata roja
gastándonos los labios
de besarnos el alma,
echando al fuego todo,
quemándonos la vida.

Así llegaste al mundo.

Pero ella para verme
y para verte un día
atravesó los mares
y yo para abrazar
su pequeña cintura
toda la tierra anduve,
con guerras y montañas,
con arenas y espinas.

Así llegaste al mundo.

De tantos sitios vienes,
del agua y de la tierra,
del fuego y de la nieve,
de tan lejos caminas
hacia nosotros dos,
desde el amor terrible
que nos ha encadenado,
que queremos saber
cómo eres, qué nos dices,
porque tú sabes más
del mundo que te dimos.

Como una gran tormenta
sacudimos nosotros
el árbol de la vida
hasta las más ocultas
fibras de las raíces
y apareces ahora
cantando en el follaje,
en la más alta rama
que contigo alcanzamos.

LA TIERRA

LA TIERRA verde se ha entregado
a todo lo amarillo, oro, cosechas,
terrones, hojas, grano,
pero cuando el otoño se levanta
con su estandarte extenso
eres tú la que veo,
es para mí tu cabellera
la que reparte las espigas.

Veo los monumentos
de antigua piedra rota,
pero si toco
la cicatriz de piedra
tu cuerpo me responde,
mis dedos reconocen
de pronto, estremecidos,
tu caliente dulzura.

Entre los héroes paso
recién condecorados
por la tierra y la pólvora
y detrás de ellos, muda,
con tus pequeños pasos,
eres o no eres?

Ayer cuando sacaron
de raíz, para verlo,
el viejo árbol enano
te vi salir mirándome
desde las torturadas
y sedientas raíces.

Y cuando viene el sueño
a extenderme y llevarme
a mi propio silencio
hay un gran viento blanco
que derriba mi sueño
y caen de él las hojas,
caen como cuchillos
sobre mí desangrándome.

Y cada herida tiene
la forma de tu boca.

AUSENCIA

Apenas te he dejado,
vas en mí, cristalina
o temblorosa,
o inquieta, herida por mí mismo
o colmada de amor, como cuando tus ojos
se cierran sobre el don de la vida
que sin cesar te entrego.

Amor mío,
nos hemos encontrado
sedientos y nos hemos
bebida toda el agua y la sangre,
nos encontramos
con hambre
y nos mordimos
como el fuego muerde,
dejándonos heridas.

Pero espérame,
guárdame tu dulzura.
Yo te daré también
una rosa.

EL DESEO

EL TIGRE

Soy el tigre.
Te acecho entre las hojas
anchas como lingotes
de mineral mojado.

El río blanco crece
bajo la niebla. Llegas.

Desnuda te sumerges.
Espero.

Entonces en un salto
de fuego, sangre, dientes,
de un zarpazo derribo
tu pecho, tus caderas.

Bebo tu sangre, rompo
tus miembros uno a uno.

Y me quedo velando
por años en la selva
tus huesos, tu ceniza,
inmóvil, lejos
del odio y de la cólera,

desarmado en tu muerte,
cruzado por las lianas,
inmóvil en la lluvia,
centinela implacable
de mi amor asesino.

EL CÓNDOR

Yo soy el cóndor, vuelo
sobre ti que caminas
y de pronto en un ruedo
de viento, pluma, garras,
te asalto y te levanto
en un ciclón silbante
de huracanado frío.

Y a mi torre de nieve,
a mi guarida negra
te llevo y sola vives,
y te llenas de plumas
y vuelas sobre el mundo,
inmóvil, en la altura.

Hembra cóndor, saltemos
sobre esta presa roja,
desgarremos la vida
que pasa palpitando
y levantemos juntos
nuestro vuelo salvaje.

EL INSECTO

DE tus caderas a tus pies
quiero hacer un largo viaje.

Soy más pequeño que un insecto.

Voy por estas colinas,
son de color de avena,
tienen delgadas huellas
que sólo yo conozco,
centímetros quemados,
pálidas perspectivas.

Aquí hay una montaña.
No saldré nunca de ella.
Oh qué musgo gigante!
Y un cráter, una rosa
de fuego humedecido!

Por tus piernas desciendo
hilando una espiral
o durmiendo en el viaje
v llego a tus rodillas
de redonda dureza
como a las cimas duras
de un claro continente.

Hacia tus pies resbalo,
a las ocho aberturas,
de tus dedos agudos,
lentos, peninsulares,
y de ellos al vacío
de la sábana blanca
caigo, buscando ciego
y hambriento tu contorno
de vasija quemante!

LAS FURIAS

EL AMOR

Qué TIENES, qué tenemos,
qué nos pasa?
Ay nuestro amor es una cuerda dura
que nos amarra hiriéndonos
y si queremos
salir de nuestra herida,
separarnos,
nos hace un nuevo nudo y nos condena
a desangrarnos y quemarnos juntos.

Qué tienes? Yo te miro
y no hallo nada en ti sino dos ojos
como todos los ojos, una boca
perdida entre mil bocas que besé, más hermosas,
un cuerpo igual a los que resbalaron
bajo mi cuerpo sin dejar memoria.

Y qué vacía por el mundo ibas
como una jarra de color de trigo
sin aire, sin sonido, sin substancia!
Yo busqué en vano en ti
profundidad para mis brazos
que excavan, sin cesar, bajo la tierra:
bajo tu piel, bajo tus ojos

nada,
bajo tu doble pecho levantado
apenas
una corriente de orden cristalino
que no sabe por qué corre cantando.
Por qué, por qué, por qué,
amor mío, por qué?

SIEMPRE

Antes de mí
no tengo celos.

Ven con un hombre
a la espalda,
ven con cien hombres en tu cabellera,
ven con mil hombres entre tu pecho y tus pies,
ven como un río
lleno de ahogados
que encuentra el mar furioso,
la espuma eterna, el tiempo!

Tráelos todos
adonde yo te espero:
siempre estaremos solos,
siempre estaremos tú y yo
solos sobre la tierra
para comenzar la vida!

EL DESVÍO

Si TU PIE se desvía de nuevo,
será cortado.

Si tu mano te lleva
a otro camino
se caerá podrida.

Si me apartas tu vida
morirás
aunque vivas.

Seguirás muerta o sombra,
andando sin mí por la tierra.

LA PREGUNTA

AMOR, una pregunta
te ha destrozado.

Yo he regresado a ti
desde la incertidumbre con espinas.

Te quiero recta como
la espada o el camino.

Pero te empeñas
en guardar un recodo
de sombra que no quiero.

Amor mío,
compréndeme,
te quiero toda,
de ojos a pies, a uñas,
por dentro,
toda la claridad, la que guardabas.

Soy yo, amor mío,
quien golpea tu puerta.
No es el fantasma, no es
el que antes se detuvo

en tu ventana.
Yo echo la puerta abajo:
yo entro en toda tu vida:
vengo a vivir en tu alma:
tú no puedes conmigo.

Tienes que abrir puerta a puerta,
tienes que obedecerme,
tienes que abrir los ojos
para que busque en ellos,
tiene que ver cómo ando
con pasos pesados
por todos los caminos
que, ciegos, me esperaban.

No me temas,
soy tuyo,
pero
no soy el pasajero ni el mendigo,
soy tu dueño,
el que tú esperabas,
y ahora entro
en tu vida,
para no salir más,
amor, amor, amor,
para quedarme.

LA PRÓDIGA

Yo te escogí entre todas las mujeres
para que repitieras
sobre la tierra
mi corazón que baila con espigas
o lucha sin cuartel cuando hace falta.

Yo te pregunto, dónde está mí hijo?

No me esperaba en ti, reconociéndome,
y diciéndome: "Llámame para salir sobre la tierra
a continuar tus luchas y tus cantos?"

Devuélveme a mi hijo!

Lo has olvidado en las puertas
del placer, oh pródiga
enemiga,
has olvidado que viniste a esta cita,
la más profunda, aquella
en que los dos, unidos, seguiremos hablando
por su boca, amor mío,
ay, todo aquello
que no alcanzamos a decirnos?

Cuando yo te levanto en una ola
de fuego y sangre, y se duplica
la vida entre nosotros,
acuérdate,
que alguien nos llama
como nadie jamás nos ha llamado
y que no respondemos
y nos quedamos solos y cobardes
ante la vida que negamos.

Pródiga,
abre las puertas,
y que en tu corazón
el nudo ciego
se desenlace y vuele
con tu sangre y la mía
por el mundo!

EL DAÑO

TE he hecho daño, alma mía,
he desgarrado tu alma.

Entiéndeme.
Todos saben quién soy,
pero ese Soy
es además un hombre
para ti.

En ti vacilo, caigo
y me levanto ardiendo.
Tú entre todos los seres
tienes derecho
a verme débil.
Y tu pequeña mano
de pan y de guitarra
debe tocar mi pecho
cuando sale al combate.

Por eso busco en ti la firme piedra.
Ásperas manos en tu sangre clavo
buscando tu firmeza
y la profundidad que necesito,
y si no encuentro

sino tu risa de metal, si no hallo
nada en qué sostener mis duros pasos,
adorada, recibe
mi tristeza y mi cólera,
mis manos enemigas
destruyéndote un poco
para que te levantes de la arcilla,
hecha de nuevo para mis combates.

EL POZO

A veces te hundes, caes
en tu agujero de silencio,
en tu abismo de cólera orgullosa,
y apenas puedes
volver, aún con jirones
de lo que hallaste
en la profundidad de tu existencia.

Amor mío, qué encuentras
en tu pozo cerrado?
Algas, ciénagas, rocas?
Qué ves con ojos ciegos,
rencorosa y herida?

Mi vida, no hallarás
en el pozo en que caes
lo que yo guardo para ti en la altura:
un ramo de jazmines con rocío
un beso más profundo que tu abismo.

No me temas, no caigas
en tu rencor de nuevo.
Sacude la palabra mía que vino a herirte
y déjala que vuele por la ventana abierta.

Ella volverá a herirme
sin que tú la dirijas
puesto que fue cargada con un instante duro
y ese instante será desarmado en mi pecho.

Sonríeme radiosa
si mi boca te hiere.
No soy un pastor dulce
como en los cuentos de hadas,
sino un buen leñador que comparte contigo
tierra, viento y espinas de los montes.

Ámame, tú, sonríeme,
ayúdame a ser bueno.
No te hieras en mí, que será inútil,
no me hieras a mí porque te hieres.

EL SUEÑO

ANDANDO en las arenas
yo decidí dejarte.

Pisaba un barro oscuro
que temblaba,
y hundiéndome y saliendo
decidí que salieras
de mí, que me pesabas
como piedra cortante,
y elaboré tu pérdida
paso a paso:
cortarte las raíces,
soltarte sola al viento.

Ay en ese minuto,
corazón mío, un sueño
con sus alas terribles
te cubría.

Te sentías tragada por el barro,
y me llamabas y yo no acudía,
te ibas, inmóvil,
sin defenderte
hasta ahogarte en la boca de arena.

Después
mi decisión se encontró con tu sueño,
y desde la ruptura
que nos quebraba el alma,
surgimos limpios otra vez, desnudos,
amándonos
sin sueño, sin arena,
completos y radiantes,
sellados por el fuego.

SI TÚ ME OLVIDAS

QUIERO que sepas
una cosa.

Tú sabes cómo es esto:
si miro
la luna de cristal, la rama roja
del lento otoño en mi ventana,
si toco
junto al fuego
la impalpable ceniza
o el arrugado cuerpo de la leña,
todo me lleva a ti,
como si todo lo que existe,
aromas, luz, metales,
fueran pequeños barcos que navegan
hacia las islas tuyas que me aguardan.

Ahora bien,
si poco a poco dejas de quererme
dejaré de quererte poco a poco.

Si de pronto
me olvidas
no me busqués
que ya te habré olvidado.

Si consideras largo y loco
el viento de banderas
que pasa por mi vida
y te decides
a dejarme a la orilla
del corazón en que tengo raíces,
piensa
que en ese día,
a esa hora
levantaré los brazos
y saldrán mis raíces
a buscar otra tierra.

Pero
si cada día,
cada hora
sientes que a mí estás destinada
con dulzura implacable.
Si cada día sube
una flor a tus labios a buscarme,
ay amor mío, ay mía,
en mí todo ese fuego se repite,
en mí nada se apaga ni se olvida,
mi amor se nutre de tu amor, amada,
y mientras vivas estará en tus brazos
sin salir de los míos.

EL OLVIDO

Todo el amor en una copa
ancha como la tierra, todo
el amor con estrellas y espinas
te di, pero anduviste
con pies pequeños, con tacones sucios
sobre el fuego, apagándolo.

Ay gran amor, pequeña amada!
No me detuve en la lucha.
No dejé de marchar hacia la vida,
hacia la paz, hacia el pan para todos,
pero te alcé en mis brazos
y te clavé a mis besos
y te miré como jamás
volverán a mirarte ojos humanos.

Ay gran amor, pequeña amada!

Entonces no mediste mi estatura,
y al hombre que para ti apartó
la sangre, el trigo, el agua
confundiste
con el pequeño insecto que te cayó en la falda.

Ay gran amor, pequeña amada!

No esperes que te mire en la distancia
hacia atrás, permanece
con lo que te dejé, pasea
con mi fotografía traicionada,
yo seguiré marchando,
abriendo anchos caminos contra la sombra, haciendo
suave la tierra, repartiendo
la estrella para los que vienen.

Quédate en el camino.
Ha llegado la noche para ti.
Tal vez de madrugada
nos veremos de nuevo.

Ay gran amor, pequeña amada!

LAS MUCHACHAS

MUCHACHAS que buscabais
el gran amor, el gran amor terrible,
qué ha pasado, muchachas?

Tal vez
el tiempo, el tiempo!

Porque ahora,
aquí está, ved cómo pasa
arrastrando las piedras celestes,
destrozando las flores y las hojas,
con un ruido de espumas azotadas
contra todas las piedras de tu mundo,
con un olor de esperma y de jazmines,
junto a la luna sangrienta!

Y ahora
tocas el agua con tus pies pequeños,
con tu pequeño corazón
y no sabes qué hacer!

Son mejores
ciertos viajes nocturnos,
ciertos departamentos,

ciertos divertidísimos paseos,
ciertos bailes sin mayor consecuencia
que continuar el viaje!

Muérete de miedo o de frío,
o de duda,
que yo con mis grandes pasos
la encontraré,
dentro de ti
o lejos de ti,
y ella me encontrará,
la que no temblará frente al amor,
la que estará fundida
conmigo
en la vida o la muerte!

TÚ VENÍAS

No me has hecho sufrir
sino esperar.

Aquellas horas
enmarañadas, llenas
de serpientes,
cuando
se me caía el alma y me ahogaba,
tú venías andando,
tú venías desnuda y arañada,
tú llegabas sangrienta hasta mi lecho,
novia mía,
y entonces
toda la noche caminamos
durmiendo
y cuando despertamos
eras intacta y nueva,
como si el grave viento de los sueños
de nuevo hubiera dado
fuego a tu cabellera
y en trigo y plata hubiera sumergido
tu cuerpo hasta dejarlo deslumbrante.

Yo no sufrí amor mío,

yo sólo te esperaba.
Tenías que cambiar de corazón
y de mirada
después de haber tocado la profunda
zona de mar que te entregó mi pecho.
Tenías que salir del agua
pura como una gota levantada
por una ola nocturna.

Novia mía, tuviste
que morir y nacer, yo te esperaba.
Yo no sufrí buscándote,
sabía que vendrías,
una nueva mujer con lo que adoro
de la que no adoraba,
con tus ojos, tus manos y tu boca
pero con otro corazón
que amaneció a mi lado
como si siempre hubiera estado allí
para seguir conmigo para siempre.

LAS VIDAS

EL MONTE Y EL RÍO

En mi patria hay un monte.
En mi patria hay un río.

Ven conmigo.

La noche al monte sube.
El hambre baja al río.

Ven conmigo.

Quiénes son los que sufren?
No sé, pero son míos.

Ven conmigo.

No sé, pero me llaman
y me dicen: "Sufrimos".

Ven conmigo.

Y me dicen: "Tu pueblo,
tu pueblo desdichado,
entre el monte y el río,

con hambre y con dolores,
no quiere luchar solo,
te está esperando, amigo".

Oh tú, la que yo amo,
pequeña, grano rojo
de trigo,

será dura la lucha,
la vida será dura,
pero vendrás conmigo.

LA POBREZA

Ay no quieres,
te asusta
la pobreza,

no quieres
ir con zapatos rotos al mercado
y volver con el viejo vestido.

Amor, no amamos,
como quieren los ricos,
la miseria. Nosotros
la extirparemos como diente maligno
que hasta ahora ha mordido el corazón del hombre.

Pero no quiero
que la temas.
Si llega por mi culpa a tu morada,
si la pobreza expulsa
tus zapatos dorados,
que no expulse tu risa que es el pan de mi vida.
Si no puedes pagar el alquiler
sal al trabajo con paso orgulloso,
y piensa, amor, que yo te estoy mirando
y somos juntos la mayor riqueza
que jamás se reunió sobre la tierra.

LAS VIDAS

Ay qué incómoda a veces
te siento
conmigo, vencedor entre los hombres!

Porque no sabes
que conmigo vencieron
miles de rostros que no puedes ver,
miles de pies y pechos que marcharon conmigo,
que no soy,
que no existo,
que sólo soy la frente de los que van conmigo,
que soy más fuerte
porque llevo en mí
no mi pequeña vida
sino todas las vidas,
y ando seguro hacia adelante
porque tengo mil ojos,
golpeo con peso de piedra
porque tengo mil manos
y mi voz se oye en las orillas
de todas las tierras
porque es la voz de todos
los que no hablaron,
de los que no cantaron
y cantan hoy con esta boca
que a ti te besa.

LA BANDERA

Levántate conmigo.

Nadie quisiera
como yo quedarse
sobre la almohada en que tus párpados
quieren cerrar el mundo para mí.
Allí también quisiera
dejar dormir mi sangre
rodeando tu dulzura.

Pero levántate,
tú, levántate,
pero conmigo levántate
y salgamos reunidos
a luchar cuerpo a cuerpo
contra las telarañas del malvado,
contra el sistema que reparte el hambre,
contra la organización de la miseria.

Vamos,
y tú, mi estrella, junto a mí,
recién nacida de mi propia arcilla,
ya habrás hallado el manantial que ocultas
y en medio del fuego estarás
junto a mí,
con tus ojos bravíos,
alzando mi bandera.

EL AMOR DEL SOLDADO

En plena guerra te llevó la vida
a ser el amor del soldado.

Con tu pobre vestido de seda,
tus uñas de piedra falsa
te tocó caminar por el fuego.

Ven acá, vagabunda,
ven a beber sobre mi pecho
rojo rocío.

No querías saber dónde andabas,
eras la compañera de baile,
no tenías partido ni patria.

Y ahora a mi lado caminando
ves que conmigo va la vida
y que detrás está la muerte.

Ya no puedes volver a bailar
con tu traje de seda en la sala.

Te vas a romper los zapatos,
pero vas a crecer en la marcha.

Tienes que andar sobre las espinas
dejando gotitas de sangre.

Bésame de nuevo, querida.

Limpia ese fusil, camarada.

NO SÓLO EL FUEGO

Ay sí recuerdo,
ay tus ojos cerrados
como llenos por dentro de luz negra,
todo tu cuerpo como una mano abierta,
como un racimo blanco de la luna,
y el éxtasis,
cuando nos mata un rayo,
cuando un puñal nos hiere en las raíces
y nos rompe una luz la cabellera,
y cuando
vamos de nuevo
volviendo a la vida,
como si del océano saliéramos,
como si del naufragio
volviéramos heridos
entre las piedras y las algas rojas.

Pero
hay otros recuerdos,
no sólo flores del incendio,
sino pequeños brotes
que aparecen de pronto
cuando voy en los trenes
o en las calles.

Te veo
lavando mis pañuelos,
colgando en la ventana
mis calcetines rotos,
tu figura en que todo,
todo el placer como una llamarada
cayó sin destruirte,
de nuevo,
mujercita
de cada día,
de nuevo ser humano,
humildemente humano,
soberbiamente pobre,
como tienes que ser para que seas
no la rápida rosa
que la ceniza del amor deshace,
sino toda la vida,
toda la vida con jabón y agujas,
con el aroma que amo
de la cocina que tal vez no tendremos
y en que tu mano entre las papas fritas
y tu boca cantando en invierno
mientras llega el asado
serían para mí la permanencia
de la felicidad sobre la tierra.

Ay vida mía,
no sólo el fuego entre nosotros arde,
sino toda la vida,

la simple historia,
el simple amor
de una mujer y un hombre
parecidos a todos.

LA MUERTA

Si de pronto no existes,
si de pronto no vives,
yo seguiré viviendo.

No me atrevo,
no me atrevo a escribirlo,
si te mueres.

Yo seguiré viviendo.

Porque donde no tiene voz un hombre
allí, mi voz.

Donde los negros sean apaleados,
yo no puedo estar muerto.
Cuando entren en la cárcel mis hermanos
entraré yo con ellos.

Cuando la victoria,
no mi victoria,
sino la gran victoria
llegue
aunque esté mudo debo hablar:
yo la veré llegar aunque esté ciego.

No, perdóname.
Si tú no vives,
si
tú, querida, amor mío,
si tú
te has muerto,
todas las hojas caerán en mi pecho,
lloverá sobre mi alma noche y día,
la nieve quemará mi corazón,
andaré con frío y fuego y muerte y nieve,
mis pies querrán marchar hacia donde tú duermes,
pero
seguiré vivo,
porque tú me quisiste sobre todas las cosas
indomable,
y, amor, porque tú sabes que soy no sólo un hombre
sino todos los hombres.

PEQUEÑA AMÉRICA

CUANDO miro la forma
de América en el mapa,
amor, a ti te veo:
las alturas del cobre en tu cabeza,
tus pechos, trigo y nieve,
tu cintura delgada,
veloces ríos que palpitan, dulces
colinas y praderas
y en el frío del sur tus pies terminan
su geografía de oro duplicado.

Amor, cuando te toco
no sólo han recorrido
mis manos tu delicia,
sino ramas y tierras, frutas y agua,
la primavera que amo,
la luna del desierto, el pecho
de la paloma salvaje,
la suavidad de las piedras gastadas
por las aguas del mar o de los ríos
y la espesura roja
del matorral en donde
la sed y el hambre acechan.
Y así mi patria extensa me recibe,
pequeña América, en tu cuerpo.

Aún más, cuando te veo recostada
veo en tu piel, en tu color de avena,
la nacionalidad de mi cariño.
Porque desde tus hombros
el cortador de caña
de Cuba abrasadora
me mira, lleno de sudor oscuro,
y desde tu garganta
pescadores que tiemblan
en las húmedas casas de la orilla
me cantan su secreto.
Y así a lo largo de tu cuerpo,
pequeña América adorada
las tierras y los pueblos
interrumpen mis besos
y tu belleza entonces
no sólo enciende el fuego
que arde sin consumirse entre nosotros,
sino que con tu amor me está llamando
y a través de tu vida
me está dando la vida que me falta
y al sabor de tu amor se agrega el barro,
el beso de la tierra que me aguarda.

ODA Y GERMINACIONES

I

EL SABOR de tu boca y el color de tu piel,
piel, boca, fruta mía de estos días veloces,
dímelo, fueron sin cesar a tu lado
por años y por viajes y por lunas y soles
y tierra y llanto y lluvia y alegría
o sólo ahora, sólo
salen de tus raíces
como a la tierra seca el agua trae
germinaciones que no conocía
o a los labios del cántaro olvidado
sube en el agua el gusto de la tierra?

No sé, no me lo digas, no lo sabes.
Nadie sabe estas cosas.
Pero acercando todos mis sentidos
a la luz de tu piel, desapareces,
te fundes como el ácido
aroma de una fruta
y el calor de un camino,
el olor del maíz que se desgrana,
la madreselva de la tarde pura,
los nombres de la tierra polvorienta,
el perfume infinito de la patria:
magnolia y matorral, sangre y harina,

galope de caballos,
la luna polvorienta de la aldea,
el pan recién nacido:
ay todo de tu piel vuelve a mi boca,
vuelve a mi corazón, vuelve a mi cuerpo,
y vuelvo a ser contigo
la tierra que tú eres:
eres en mí profunda primavera:
vuelvo a saber en ti cómo germino.

II

Años tuyos que yo debí sentir
crecer cerca de mí como racimos
hasta que hubieras visto cómo el sol y la tierra,
a mis manos de piedra te hubieran destinado
hasta que uva con uva hubieras hecho
cantar en mis venas el vino.
El viento o el caballo
desviándose pudieron
hacer que yo pasara por tu infancia,
el mismo cielo has visto cada día,
el mismo barro del invierno oscuro,
la enramada sin fin de los ciruelos
y su dulzura de color morado.
Sólo algunos kilómetros de noche,
las distancias mojadas
de la aurora campestre,
un puñado de tierra nos separó, los muros
transparentes
que no cruzamos, para que la vida,
después, pusiera todos
los mares y la tierra
entre nosotros, y nos acercáramos
a pesar del espacio,
paso a paso buscándonos,

de un océano a otro,
hasta que vi que el cielo se incendiaba
y volaba en la luz tu cabellera
y llegaste a mis besos con el fuego
de un desencadenado meteoro
y al fundirte en mi sangre, la dulzura
del ciruelo salvaje
de nuestra infancia recibí en mi boca,
y te apreté a mi pecho como
si la tierra y la vida recobrara.

III

MI MUCHACHA salvaje, hemos tenido
que recobrar el tiempo
y marchar hacia atrás, en la distancia
de nuestras vidas, beso a beso,
recogiendo de un sitio lo que dimos
sin alegría, descubriendo en otro
el camino secreto
que iba acercando tus pies a los míos,
y así bajo mi boca
vuelves a ver la planta insatisfecha
de tu vida alargando sus raíces
hacia mi corazón que te esperaba.
Y una a una las noches
entre nuestras ciudades separadas
se agregan a la noche que nos une.
La luz de cada día
su llama o su reposo
nos entregan, sacándolos del tiempo,
y así se desentierra
en la sombra o la luz nuestro tesoro,
y así besan la vida nuestros besos:
todo el amor en nuestro amor se encierra:
toda la sed termina en nuestro abrazo.
Aquí estamos al fin frente a frente,

nos hemos encontrado,
no hemos perdido nada.
Nos hemos recorrido labio a labio,
hemos cambiado mil veces,
entre nosotros la muerte y la vida,
todo lo que traíamos
como muertas medallas
lo echamos al fondo del mar,
todo lo que aprendimos
no nos sirvió de nada:
comenzamos de nuevo,
terminamos de nuevo
muerte y vida.
Y aquí sobrevivimos,
puros, con la pureza que nosotros creamos,
más anchos que la tierra que no pudo extraviarnos,
eternos como el fuego que arderá
cuanto dure la vida.

IV

CUANDO he llegado aquí se detiene mi mano.
Alguien pregunta: —Díme por qué, como las olas
en una misma costa, tus palabras
sin cesar van y vuelven a su cuerpo?
Ella es sólo la forma que tú amas?
Y respondo: mis manos no se sacian
en ella, mis besos no descansan,
por qué retiraría las palabras
que repiten la huella de su contacto amado,
que se cierran guardando
inútilmente como en la red el agua,
la superficie y la temperatura
de la ola más pura de la vida?
Y, amor, tu cuerpo no sólo es la rosa
que en la sombra o la luna se levanta,
o sorprendo o persigo.
No sólo es movimiento o quemadura,
acto de sangre o pétalo del fuego,
sino que para mí tú me has traído
mi territorio, el barro de mi infancia,
las olas de la avena,
la piel redonda de la fruta oscura
que arranqué de la selva,
aroma de maderas y manzanas,

color de agua escondida donde caen
frutos secretos y profundas hojas.
Oh amor tu cuerpo sube
como una línea pura de vasija
desde la tierra que me reconoce
y cuando te encontraron mis sentidos
tú palpitaste como si cayeran
dentro de ti la lluvia y las semillas!
Ay que me digan cómo
pudiera yo abolirte
y dejar que mis manos sin tu forma
arrancaran el fuego a mis palabras!
Suave mía, reposa
tu cuerpo en estas líneas que te deben
más de lo que me das en tu contacto,
vive en estas palabras y repite
en ellas la dulzura y el incendio,
estremécete en medio de sus sílabas,
duerme en mi nombre como te has dormido
sobre mi corazón, y así mañana
el hueco de tu forma
guardarán mis palabras
y el que las oiga un día recibirá una ráfaga
de trigo y amapolas:
estará todavía respirando
el cuerpo del amor sobre la tierra!

V

Hilo de trigo y agua,
de cristal o de fuego,
la palabra y la noche,
el trabajo y la ira,
la sombra y la ternura,
todo lo has ido poco a poco cosiendo
a mis bolsillos rotos,
y no sólo en la zona trepidante
en que amor y martirio son gemelos
como dos campanas de incendio,
me esperaste, amor mío,
sino en las más pequeñas
obligaciones dulces.
El aceite dorado de Italia hizo tu nimbo,
santa de la cocina y la costura,
y tu coquetería pequeñuela,
que tanto se tardaba en el espejo,
con tus manos que tienen
pétalos que el jazmín envidiaría
lavó los utensilios y mi ropa,
desinfectó las llagas.
Amor mío, a mi vida
llegaste preparada
como amapola y como guerrillera:

de seda el esplendor que yo recorro
con el hambre y la sed
que sólo para ti traje a este mundo,
y detrás de la seda
la muchacha de hierro
que luchará a mi lado.
Amor, amor, aquí nos encontramos.
Seda y metal, acércate a mi boca.

VI

Y PORQUE Amor combate
no sólo en su quemante agricultura,
sino en la boca de hombres y mujeres,
terminaré saliéndole al camino
a los que entre mi pecho y tu fragancia
quieran interponer su planta oscura.
De mí nada más malo
te dirán, amor mío
de lo que yo te dije.
Yo viví en las praderas
antes de conocerte
y no esperé el amor sino que estuve
acechando y salté sobre la rosa.
Qué más pueden decirte?
No soy bueno ni malo sino un hombre,
y agregarán entonces el peligro
de mi vida, que conoces
y que con tu pasión has compartido.
Y bien, este peligro
es peligro de amor, de amor completo
hacia toda la vida,
hacia todas las vidas,
y si este amor nos trae
la muerte o las prisiones,

yo estoy seguro que tus grandes ojos,
como cuando los beso
se cerrarán entonces con orgullo,
con doble orgullo, amor,
con tu orgullo y el mío.
Pero hacia mis orejas vendrán antes
a socavar la torre
del amor dulce y duro que nos liga,
y me dirán: —"Aquella
que tú amas,
no es mujer para ti,
por qué la quieres? Creo
que podrías hallar una más bella,
más seria, más profunda,
más otra, tú me entiendes, mírala qué ligera,
y qué cabeza tiene,
y mírala cómo se viste
y etcétera y etcétera".
Y yo en estas líneas digo:
así te quiero, amor,
amor, así te amo,
así como te vistes
y como se levanta
tu cabellera y como
tu boca se sonríe,
ligera como el agua
del manantial sobre las piedras puras,
así te quiero amada.
Al pan yo no le pido que me enseñe
sino que no me falte

durante cada día de la vida.
Yo no sé nada de la luz, de dónde
viene ni dónde va,
yo sólo quiero que la luz alumbre,
yo no pido a la noche
explicaciones,
yo la espero y me envuelve,
y así tú, pan y luz
y sombra eres.
Has venido a mi vida
con lo que tú traías,
hecha
de luz y pan y sombra te esperaba,
y así te necesito,
así te amo,
y a cuantos quieran escuchar mañana
lo que no les diré, que aquí lo lean,
y retrocedan hoy porque es temprano
para estos argumentos.
Mañana sólo les daremos
una hoja del árbol de nuestro amor, una hoja
que caerá sobre la tierra
como si la hubieran hecho nuestros labios,
como un beso que cae
desde nuestras alturas invencibles
para mostrar el fuego y la ternura
de un amor verdadero.

EPITALAMIO

RECUERDAS cuando
en invierno llegamos a la isla?
El mar hacia nosotros levantaba
una copa de frío.
En las paredes las enredaderas
susurraban dejando
caer hojas oscuras
a nuestro paso.
Tú eras también una pequeña hoja
que temblaba en mi pecho.
El viento de la vida allí te puso.
En un principio no te vi: no supe
que ibas andando conmigo,
hasta que tus raíces
horadaron mi pecho,
se unieron a los hilos de mi sangre,
hablaron por mi boca,
florecieron conmigo.
Así fue tu presencia inadvertida,
hoja o rama invisible
y se pobló de pronto
mi corazón de frutos y sonidos.
Habitaste la casa
que te esperaba oscura
y encendiste las lámparas entonces.

Recuerdas, amor mío,
nuestros primeros pasos en la isla?
Las piedras grises nos reconocieron,
las rachas de la lluvia,
los gritos del viento en la sombra.
Pero fue el fuego
nuestro único amigo,
junto a él apretamos
el dulce amor de invierno
a cuatro brazos.
El fuego vio crecer nuestro beso desnudo
hasta tocar estrellas escondidas,
y vio nacer y morir el dolor
como una espada rota
contra el amor invencible.
Recuerdas,
oh dormida en mi sombra,
cómo de ti crecía
el sueño,
de tu pecho desnudo
abierto con sus cúpulas gemelas
hacia el mar, hacia el viento de la isla
y cómo yo en tu sueño navegaba
libre, en el mar y en el viento
atado y sumergido sin embargo
al volumen azul de tu dulzura?
Oh dulce, dulce mía,
cambió la primavera
los muros de la isla.
Apareció una flor como una gota

de sangre anaranjada,
y luego descargaron los colores
todo su peso puro.
El mar reconquistó su transparencia,
la noche en el cielo
destacó sus racimos
y ya todas las cosas susurraron
nuestro nombre de amor, piedra por piedra
dijeron nuestro nombre y nuestro beso.
La isla de piedra y musgo
resonó en el secreto de sus grutas
como en tu boca el canto,
y la flor que nacía
entre los intersticios de la piedra
con su secreta sílaba
dijo al pasar tu nombre
de planta abrasadora,
y la escarpada roca levantada
como el muro del mundo
reconoció mi canto, bienamada,
y todas las cosas dijeron
tu amor, mi amor, amada,
porque la tierra, el tiempo, el mar, la isla,
la vida, la marea,
el germen que entreabre
sus labios en la tierra,
la flor devoradora,
el movimiento de la primavera,
todo nos reconoce.

Nuestro amor ha nacido
fuera de las paredes,
en el viento,
en la noche,
en la tierra,
y por eso la arcilla y la corola,
el barro y las raíces
saben cómo te llamas,
y saben que mi boca
se juntó con la tuya
porque en la tierra nos sembraron juntos
sin que sólo nosotros lo supiéramos
y que crecemos juntos
y florecemos juntos
y por eso
cuando pasamos,
tu nombre está en los pétalos
de la rosa que crece en la piedra,
mi nombre está en las grutas.
Ellos todo lo saben,
no tenemos secretos,
hemos crecido juntos
pero no lo sabíamos.
El mar conoce nuestro amor, las piedras
de la altura rocosa
saben que nuestros besos florecieron
con pureza infinita,
cómo en sus intersticios una boca
escarlata amanece:
así conocen nuestro amor y el beso

que reúne tu boca y la mía
en una flor eterna.
Amor mía,
la primavera dulce,
flor y mar, nos rodean.
No la cambiamos
por nuestro invierno,
cuando el viento
comenzó a descifrar tu nombre
que hoy en todas las horas repite,
cuando
las hojas no sabían
que tú eras una hoja,
cuando
las raíces
no sabían que tú me buscabas
en mi pecho.
Amor, amor,
la primavera
nos ofrece el cielo,
pero la tierra oscura
es nuestro nombre,
nuestro amor pertenece
a todo el tiempo y la tierra.
Amándonos, mi brazo
bajo tu cuello de arena
esperaremos
cómo cambia la tierra y el tiempo
en la isla,
cómo caen las hojas

de las enredaderas taciturnas,
cómo se va el otoño
por la ventana rota.
Pero nosotros
vamos a esperar
a nuestro amigo,
a nuestro amigo de ojos rojos,
el fuego,
cuando de nuevo el viento
sacuda las fronteras de la isla
y desconozca el nombre
de todos,
el invierno
nos buscará, amor mío,
siempre,
nos buscará, porque lo conocemos,
porque no lo tememos,
porque tenemos
con nosotros
el fuego
para siempre,
Tenemos
la tierra con nosotros
para siempre,
la primavera con nosotros
para siempre,
y cuando se desprenda
de las enredaderas
una hoja
tú sabes amor mío,

qué nombre viene escrito
en esa hoja,
un nombre que es el tuyo y es el mío,
nuestro nombre de amor, un solo
ser, la flecha
que atravesó el invierno,
el amor invencible,
el fuego de los días,
una hoja
que me cayó en el pecho,
una hoja del árbol
de la vida
que hizo nido y cantó,
que echó raíces,
que dio flores y frutos.
Y así ves, amor mío,
cómo marcho
por la isla,
por el mundo,
seguro en medio de la primavera,
loco de luz en el frío,
andando tranquilo en el fuego,
levantando tu peso
de pétalo en mis brazos,
como si nunca hubiera caminado
sino contigo, alma mía,
como si no supiera caminar
sino contigo,
como si no supiera cantar
sino cuando tú cantas.

LA CARTA EN EL CAMINO

ADIÓS, pero conmigo
serás, irás adentro
de una gota de sangre que circule en mis venas
o fuera, beso que me abrasa el rostro
o cinturón de fuego en mi cintura.
Dulce mía, recibe
el gran amor que salió de mi vida
y que en ti no encontraba territorio
como el explorador perdido
en las islas del pan y de la miel.
Yo te encontré después
de la tormenta,
la lluvia lavó el aire
y en el agua
tus dulces pies brillaron como peces.

Adorada, me voy a mis combates.

Arañaré la tierra para hacerte una cueva
y allí tu Capitán
te esperará con flores en el lecho.
No pienses más, mi dulce,
en el tormento
que pasó entre nosotros
como un rayo de fósforo

dejándonos tal vez su quemadura.
La paz llegó también porque regreso
a luchar a mi tierra,
y como tengo el corazón completo
con la parte de sangre que me diste
para siempre,
y como
llevo
las manos llenas de tu ser desnudo,
mírame,
mírame,
mírame por el mar, que voy radiante,
mírame por la noche que navego,
y mar y noche son los ojos tuyos.
No he salido de ti cuando me alejo.
Ahora voy a contarte:
mi tierra será tuya,
yo voy a conquistarla,
no sólo para dártela,
sino que para todos,
para todo mi pueblo.
Saldrá el ladrón de su torre algún día.
Y el invasor será expulsado.
Todos los frutos de la vida
crecerán en mis manos
acostumbrados antes a la pólvora.
Y sabré acariciar las nuevas flores
porque tú me enseñaste la ternura.
Dulce mía, adorada,
vendrás conmigo a luchar cuerpo a cuerpo

porque en mi corazón viven tus besos
como banderas rojas,
y si caigo, no sólo
me cubrirá la tierra
sino este gran amor que me trajiste
y que vivió circulando en mi sangre.
Vendrás conmigo,
en esa hora te espero,
en esa hora y en todas las horas,
en todas las horas te espero.
Y cuando venga la tristeza que odio
a golpear a tu puerta,
dile que yo te espero
y cuando la soledad quiera que cambies
la sortija en que está mi nombre escrito,
dile a la soledad que hable conmigo,
que yo debí marcharme
porque soy un soldado,
y que allí donde estoy,
bajo la lluvia o bajo
el fuego,
amor mío, te espero.
Te espero en el desierto más duro
y junto al limonero florecido,
en todas las partes donde esté la vida,
donde la primavera está naciendo,
amor mío, te espero.
Cuando te digan: "Ese hombre
no te quiere", recuerda
que mis pies están solos en esa noche, y buscan

los dulces y pequeños pies que adoro.
Amor, cuando te digan
que te olvidé, y aun cuando
sea yo quien lo dice,
cuando yo te lŏ diga,
no me creas,
quién y cómo podrían
cortarte de mi pecho
y quién recibiría
mi sangre
cuando hacia ti me fuera desangrando?
Pero tampoco puedo
olvidar a mi pueblo.
Voy a luchar en cada calle,
detrás de cada piedra.
Tu amor también me ayuda:
es una flor cerrada
que cada vez me llena con su aroma
y que se abre de pronto
dentro de mí como una gran estrella.

Amor mío, es de noche.

El agua negra, el mundo
dormido, me rodean.
Vendrá luego la aurora,
y yo mientras tanto te escribo
para decirte: "Te amo".
Para decirte "Te amo", cuida,
limpia, levanta

defiende
nuestro amor, alma mía.
Yo te lo dejo como si dejara
un puñado de tierra con semillas.
De nuestro amor nacerán vidas.
En nuestro amor beberán agua.
Tal vez llegará un día
en que un hombre
y una mujer, iguales
a nosotros,
tocarán este amor y aún tendrá fuerza
para quemar las manos que lo toquen.
Quiénes fuimos? Qué importa?
Tocarán este fuego
y el fuego, dulce mía, dirá tu simple nombre
y el mío, el nombre
que tú sola supiste porque tú sola
sobre la tierra sabes
qiuén soy, y porque nadie me conoció como una,
como una sola de tus manos,
porque nadie
supo cómo, ni cuándo
mi corazón estuvo ardiendo:
tan sólo
tus grandes ojos pardos lo supieron,
tu ancha boca,
tu piel, tus pechos,
tu vientre, tus entrañas
y el alma tuya que yo desperté
para que se quedara

cantando hasta el fin de la vida.

Amor, te espero.

Adiós, amor, te espero.

Amor, amor, te espero.

Y así esta carta se termina
sin ninguna tristeza:
están firmes mis pies sobre la tierra,
mi mano escribe esta carta en el camino,
y en medio de la vida estaré
siempre
junto al amigo, frente al enemigo,
con tu nombre en la boca
y un beso que jamás
se apartó de la tuya.

ORDEN DEL LIBRO